AF200798

Tucholsky Wagner Zola Scott Sydow Freud Schlegel
Turgenev Wallace Fonatne
Twain Walther von der Vogelweide Fouqué Friedrich II. von Preußen
Weber Freiligrath Frey
Kant Ernst
Fechner Fichte Weiße Rose von Fallersleben Richthofen Frommel
Hölderlin
Engels Fielding Eichendorff Tacitus Dumas
Fehrs Faber Flaubert Eliasberg Ebner Eschenbach
Feuerbach Maximilian I. von Habsburg Fock Eliot Zweig Vergil
Ewald
Goethe Elisabeth von Österreich London
Mendelssohn Balzac Shakespeare Dostojewski Ganghofer
Lichtenberg Rathenau Doyle Gjellerup
Trackl Stevenson Hambruch
Mommsen Tolstoi Lenz Hanrieder Droste-Hülshoff
Thoma
Dach Verne von Arnim Hägele Hauff Humboldt
Karrillon Reuter Rousseau Hagen Hauptmann Gautier
Garschin Baudelaire
Damaschke Defoe Hebbel Hegel Kussmaul Herder
Descartes Schopenhauer
Wolfram von Eschenbach Dickens Rilke George
Bronner Darwin Melville Grimm Jerome Bebel
Campe Horváth Aristoteles Barlach Voltaire Federer Proust
Bismarck Vigny Gengenbach Heine Herodot
Storm Casanova Tersteegen Gilm Grillparzer Georgy
Lessing Langbein Gryphius
Chamberlain Lafontaine
Brentano Schiller Kralik Iffland Sokrates
Strachwitz Claudius Bellamy Schilling
Katharina II. von Rußland Gerstäcker Raabe Gibbon Tschechow
Löns Hesse Hoffmann Gogol Wilde Gleim Vulpius
Luther Heym Hofmannsthal Klee Hölty Morgenstern
Roth Heyse Klopstock Kleist Goedicke
Luxemburg Puschkin Homer Mörike Musil
Machiavelli La Roche Horaz
Navarra Aurel Musset Kierkegaard Kraft Kraus
Nestroy Marie de France Lamprecht Kind Kirchhoff Hugo Moltke
Laotse Ipsen Liebknecht
Nietzsche Nansen
Marx Lassalle Gorki Klett Leibniz Ringelnatz
von Ossietzky May vom Stein Lawrence Irving
Petalozzi Knigge
Platon Pückler Michelangelo Kock Kafka
Sachs Poe Liebermann Korolenko
de Sade Praetorius Mistral Zetkin

Weltmusik

Karl Henckell

Impressum

Autor: Karl Henckell
Umschlagkonzept: toepferschumann, Berlin

Verlag: tredition GmbH, Hamburg
ISBN: 978-3-8424-9059-8
Printed in Germany

Weltmusik

Neue Gedichte
von
Karl Henckell

München 1918
Verlag von Franz Hanfstaengl

Diese Zeiten
Sind gewaltig,
Bringen Herz und
Hirn in Not –;
Ruhe, ruhe,
Meine Seele . . . !

Die Berufung

Es rollt das Rad der rastlosen Dämonen
Geleise hin, die Menschenhand ihm fügt,
Und flügelsausend wagt zu Wolkenzonen
Sich zähe Kraft, die niemals sich genügt.

Erobrerwille wirbt um kühne Kronen,
Triumph der Technik ist kein Traum, der trügt –
So muß auch deine Sehnsucht sich belohnen,
Du Mensch, der tief der Seele Gründe pflügt.

Zieh deine Furchen, Dichter, unerschrocken
Durchs Land der innern Unermeßlichkeit,
Laß dich ins Quellenreich des Lebens locken!

Ob man dich preist, ob dich verfemt die Zeit,
Vor Bann wie Ruhm darf Schritt und Lied nicht stocken:
Geh, wandle Blut in Wort, dem Werk geweiht!

Leben

Schaumgekrönter Überschwang,
Roter Blütenrausch –
Melancholischer Gesang,
Welkes Blattgerausch.

Silberheller Jubelchor,
Jauchzen Berg zu Tal –
Stilles Schluchzen, schwarzer Flor,
Schütternder Choral.

Mir ein süßer Herzenswahn,
Dir ein bittrer Hohn –
Heute winkt ein Kanaan,
Morgen ist's entflohn . . .

Das Diadem

Wer je erwählt den innern Thron der Dinge,
Des Menschenherzens majestätisch Gut,
Und wahrte klar den Geist vor Übermut,
Daß er in falschem Wahn sich nicht verfinge –

Er wird getragen frei auf sichrer Schwinge,
Die er sich selber schuf, ob Wind und Flut,
Geborgen schwebt er in der höchsten Hut,
Gleichwie gehalten von dem Ring der Ringe.

In dieses Daseins rohen Stofflichkeiten,
Wo oft als edel das Gemeine gilt,
Der hohle Tropf von Dünkel überquillt

Und Larven keck in Hermelinen schreiten,
Ward ihm, zu überwinden Schmach und Leben,
Das Diadem der seltnen Kraft gegeben.

Aufwärts

Ein Schlachtfeld bist auch du, mein Herz,
Von Leichen übersät.
Doch sieh! Wer wagt sich himmelwärts,
Wo rings der Tod gemäht?
    Flieg zu, flieg zu,
    Lichtkehlchen du,
Nun lohnt es, stark zu singen.

Willst doch ein tapfres Lerchlein sein,
Aus schwarzem Schlund und Rohr
Wirfst du beim ersten Morgenschein
Hellwirbelnd dich empor,
    Hoch, hoch im Blau'n
    Voll Weltvertrau'n
Dein Lied sonnauf zu schwingen.

Weltmusik

Eine Orchesterphantasie

Unergründlich
Brütet das Schweigen,
Ballt sich zusammen
Die schwangere Nacht –
Taub und tonlos
Kauert der Reigen,
Dumpf Verdammen
Lauert und wacht.

Hinter Blöcken
Finstre Dämonen,
Nebelschleichend,
Tückisch und krumm –
Matte Monde
Aus Nebelzonen
Ziehn erbleichend,
Totenstumm . . .

Plötzlich verworren
Regt sich ein Raunen,
Lichter aufzucken,
Riesen stehn nackt,
Schreien ihr Sehnen,
Stark wie Posaunen,
Zwerge sich ducken,
Pan stampft den Takt.

Siehe, da brausen
Im Orgelorkane
Urwäldermeere,
Sonnengesäugt –
Lustschwärme jauchzen
Wilde Päane,
Isis zur Ehre,
Wollustgezeugt.

Doch aus der schäumenden
Orgien Tosen
Löst sich der zarter
Sich wiegende Bund –
Kinder der Anmut
Lagern auf Rosen,
Innig gepaarter
Sucht sich der Mund.

Reinere Ordnungen
Bilden sich leise,
Venus Urania
Wandelt die Welt –
Männer und Frauen, sie
Wählen sich weise,
Heilig Halleluja
Geister gesellt.

Milder erschallen die
Saiten des Lebens,
Rhythmen gestalten sich
Seligen Gedichts –
Völkerversöhnende
Musen durchschweben's,
Fugen entfalten sich,
Künder des Lichts.

Freuden und Schmerzen,
Torheit und Trauer,
Aufschwung und Untergang
Tönen im Chor –
Kämpft das Orchesterheer,
Schütteln uns Schauer,
Heldentriumphgesang
Reißt uns empor.

Unergründlich
Quellende Laute
Locken die lauschend
Andächtige Schar –
Meisterhorchend,

Was Kühnheit baute,
Nimmt tiefaufrauschend
Die Menschheit wahr.

Lebensbrandung

Wie das wilde Meer
      über die Blöcke brandet!
Doch ich warf mich hierher,
      atemlos bin ich gelandet.
Soll's aufstrudelnd mich ziehn
      abwärts mit gierigen Krallen?
Weltmeer, nicht will ich dich fliehn,
      doch deiner Wut nicht verfallen.

Schlag mir die Krallen ins Bein,
      Schicksal, erbarmungsloses!
Zäh umklammer' ich den Stein,
      lache des tollen Getoses.
Hart granitener Grund,
      du hast den Halt mir gegeben.
Rissen die Wirbel mich wund,
      Jetzt sei Sieger, mein Leben!

Und Verzweiflung versinkt,
      die mir das Herz schon zerrissen,
Hoffnung, die heilende, winkt,
      Licht aus den Finsternissen.
Fest nun geschlossen den Bund
      mit der gewaltigen Erde,
Daß dieser heulende Schlund
      mir zum Triumphgesang werde!

Geistesruf

Horch! Im Gewirr der unversöhnten Chöre,
Dem Schall der Welt, die lärmend mich umkreist,
Ist mir, wie wenn ich eine Stimme höre,
Die mich durchzuckt. So wirkt ein mächtiger Geist.
Der Ruf gilt mir. Weh jedem, der ihn störe!
Ich weiß nicht, was du bist und wie du heißt:
Entringst du dich dem Urgrund der Gefühle?
Bist du mein Lebenswort im Zeitgewühle?

»Dein Dämon bin ich: Keiner, der berücke.
Wie du mich suchst, so werd' ich offenbar.
Ich locke dich mit keinem Jenseitsglücke,
Das nicht in deinem Blut und Wesen wahr.
Hängst du am Wahn? Bedarf dein Wuchs der Krücke?
Scheust du den Schritt auf eigene Gefahr?
O nein, du hast dem fremden Gängelbande
Dich selbst entwunden, bis zum Todesrande.«

Du meines Lebens Licht und höchste Stimme,
Zu dir bekenn' ich mich in Lust und Qual;
Du gibst mir Mut, und ohne Krücke klimme
Gefaßt ich aufwärts aus dem trüben Tal.
Und wenn ich über das Idol ergrimme,
So grüßt mich sternenmild der Sehnsucht Strahl,
Den Weg voran, den freie Wandrer ziehen,
Die nicht vor toten Wunderzeichen knieen.

»Zu lange, Mensch, hast du in Lohn und Frone
Dem Gott gedient, der dein Geschöpf und Bild,
In Furcht und Hoffnung nahtest du dem Throne,
Den einst du türmtest in das Luftgefild.
Wo sich unendlich spannt die Sternenzone
Und Licht an Licht aus Nebelschleiern quillt,
Da vor den Himmel zogst du Gitterwände
Und schürtest tief im Erdschoß Höllenbrände.«

Genug, mein Geist, von abgestreiften Banden,

In denen Trägheit, ach, noch viele hält!
Sie haben die Propheten nicht verstanden
Und meist zum Fetisch das Symbol entstellt.
Den echten Wein aus wahren Lebenslanden,
Sie haben ihn verdorben und vergällt,
    Woran die Gottkraft nimmermehr beteiligt,
    Die hohle Formel haben sie geheiligt.

»Getrost, auch ihnen kann der Tag erscheinen,
Wo der Erkenntnis Funke sie berührt.
Euch aber muß, die Sehenden, vereinen
Ein glühend Streben, das zur Freiheit führt.
Der Sinn der neuen Menschheit sucht die Seinen,
Daß sie sich sammeln, wenn der Kampf sie kürt,
    Von zäher Herrschsucht schmählich aufgezwungen,
    Die töten möchte, was dem Licht entsprungen.«

Geist, der mich rief und den ich nicht verrate,
Der Satzung feigem Vorteilsflüstern taub,
Geist, so verhaßt den Wächtern im Ornate,
Die dir gebieten wollen: »Schweig und glaub!«
Verdächtigt von den schlauen Herrn im Staate,
Die sich dem Dogma beugen in den Staub –
    Der du fürwahr nicht Huld noch Gunst verschwendest,
    Gesegnet sei, daß du uns Segen spendest!

»So sei der lebensvollen Denker Wille
Zur edlen Wahrheit Vorbild deinem Mut!
Er stähle dich in schöpferischer Stille,
Er trage stark dich durch die Lebensflut!
Daß Geist, Gefühl und Tat zusammenquille
Und deine Sehnsucht in der Einheit ruht,
    Die reingestimmt du, Künstler Mensch, gestaltest,
    Wenn du zur Freiheit das Gesetz entfaltest.«

Wie schön erblüht Vernunft zum Ideale,
Wenn sie ein tiefer Dämon warm verklärt!
Gleich einem Festtrank aus kristallner Schale
Schäumt auf der Wein, darin Begeistrung gärt.
Doch fern der Feier bleibe das Banale,
Das, gläubig oder gottlos, ewig währt –

Und wie ein Hauch aus hohen Dunkelheiten
Mag durch die Herzen das Geheimnis gleiten.

Ein Oster-Requiem

Der Jünger am Grabe

Was stehst du trauernd,
Ewiger Sehnsucht Freund,
Am Grab des Liebsten,
Welchen der Tod verschlang?
Was birgst dein Haupt du,
Schmerzbeschattet,
Und suchst des Menschen
Göttlich Antlitz,
Ach, vergebens?

Der selbst sein Kreuz trug,
Dornengekrönter Held,
Gepeitscht mit Ruten,
Weil in der Wahrheit Wehr
Er zeugen mußte
Wider Weltwahn
Vom innern Himmel-
Reich der Liebe,
Fürst des Lebens.

Der auch der Schönheit
Rose gesegnet – sieh!
Die Schwester brachte
Blühenden Abschiedsgruß
Dem sonnenmilden
Herzerlöser.
Betaut von Tränen
Irrt Maria
Bleich im Garten . . .

Auf Schöpferschwingen
Freudegefilden zu,
Du gramgebeugter
Freund des Erhabenen,
Schwebt der geschmähte
Menschen-Meister

Und thront zur Rechten
Gottes, wo die
Strahlend-Unsterblichen warten.

Totenfrühling

Gesponnen mit feuchten,
Segnenden Fingern
Hat nächtlich der Frühling
Schimmernder Schleier
Lichtgrünes Gespinst.
Nun zittern die Zweige
Von zartem Gewebe,
Und über die schwarzen,
Saftschweren Äste
Fließt hauchfeiner Flor . . .
Der Mord und Gemetzel
Läßt triefen auf Erden,
Der Krankheit und Kummer
Den Menschen verhängt –
Der Kronen zersplittert
Und Keime verschleudert,
Der ewige Weber
Webt bräutliche Zier.
Tod ist gekommen,
Teures genommen,
Liebende Herzen
Geschieden in Qual.
Nimmer sich freuen
Am sprießenden Neuen
Können die Toten,
Nimmer sich wärmen am sonnigen Strahl.
Allesdurchdringer,
Sprengst du den Zwinger,
Tauchst die verloschenen Augen in Licht?
Wandelst Begrabene,
Schwebend Erhabene –
Wir nur trauern in bitterm Verzicht . . .?

Weihnacht

Ein Dreiklang

1

Weihnacht, wunderbares Land,
Wo die grünen Tannen,
Sternenflimmernd rings entbrannt,
Jeden Pilger bannen!

Glücklich kindlicher Gesang
Schwebt um heilige Hügel,
Schwebt der Heimat Welt entlang,
Sehnsucht seine Flügel.

Friedestarken Geistes Macht
Sehnt sich, zu verbünden,
Über aller Niedertracht
Muß ein Licht sich zünden.

Lebens immergrüner Baum
Trägt der Liebe Krone –
Und ein milder Sternentraum
Küßt die starrste Zone.

2

Es klingt ein Lied aus alter Zeit
Wie Sternentraum so rein,
Von eines Kindleins Herrlichkeit
Und schlichter Hütte hellem Schein.

In eine Nacht von Wahn gebar,
Als sich die Zeit erfüllt,
Das Weib den Menschensohn, der klar
Den Widersinn der Welt enthüllt.

Sein Auge war so himmelstief,
Durchstrahlte Trug und List;

Der Lichtheld wuchs, sein Schicksal rief,
Am Kreuze hing der erste Christ.

Noch immer hängt der Mensch am Kreuz,
Noch immer jammern Fraun,
Dem Glockenklang des Weihgeläuts
Mischt sich des Wahnsinns Weh und Graun.

Der Geist, der stark mit Feuer tauft,
Wird immer noch geschmäht,
Noch wird verraten und verkauft,
Wer Saat der kühnen Liebe sät.

Noch sind so viele Augen blind,
Herrscht ungerecht Gericht –
Doch wieder ward die Wahrheit Kind,
Und langsam, langsam wächst ihr Licht.

3

Der Wanderer geht durch die weite Nacht,
Sein Sinn ist offen, sein Auge wacht.
Er lauscht in das schwangere Schweigen –
Die Sterne ziehen den Reigen.

Sie ziehen den Reigen vieltausend Jahr,
Die Welt ist dunkel, ihr Licht bleibt klar,
Sie sehen aus silbernen Höhen
Der Erde zuckende Wehen.

Der Wanderer horcht dem sausenden Sang
Frostblinkender Drähte meilenlang,
Sie singen von Sehnsucht und Hassen
Ringender Menschenmassen.

Sie singen von rastloser Forscher Mühn,
Von Geisterflammen, die läuternd glühn,
Von Krieg, Hosianna und Grausen
Heimlich sie singen und sausen.

Der Wanderer schaut ob Unglück und Glück
Auf seinen einsamen Pfad zurück.

Dann weilt auch der Hüter der Erde
    Am nächsten feiernden Herde.

Er hebt ein Kindlein traut auf den Arm –
Wie wird der Atem der Welt ihm warm! –
Und rastet beim Lichterbaume,
    Lächelnd wie tief im Traume . . .

Heimkehr vom Werk

Tag voll Glut und Eisenhämmern! –
Wie der Stunde Schlag verhallt,
Trupp auf Trupp dem Tor entwallt
In das graue Winterdämmern,
Drob sich Schneegewölke bleiern ballt.

Endlos wälzt die schwarze Schlange,
Schieben tausend schwere Schuh,
Leiber voll Begehr nach Ruh
In eintönig gleichem Gange
Schattenhaft dem steinernen Meer sich zu.

Langer Zug in schmalen Rotten,
Bis die letzte fern versinkt,
Wo die Bogenlampe blinkt
Aus dem Dunst der Menschenmotten
Und als bleicher Stern der Großstadt winkt . . .

Manchen Schatten, die dort schwinden,
Winkt ein Licht noch durch die Nacht,
Tief im Lebensgrund entfacht,
Unsichtbar den ewig Blinden:
Licht, das Arbeit frei und heilig macht.

An die neue Jugend

1. Geleit

Ihr geht ins Leben hinein,
Zweige der grünenden Welt in der erhobenen Hand,
Um eure jungen Stirnen spielt der aufgehende Schein
Einer Sonne, die euch führt in das kommende Land.

Was eure Väter voll Müh,
Was eure Mütter voll Weh ringend und darbend gebaut,
Gab euch den heiligen Grund, drauf ihr in segnender Früh
Aufsteigt zum fruchtbaren Tag. Seht, wie das Licht euch
vertraut!

Seht, wie das Licht euch begrüßt,
Kinder der wandelnden Zeit, Jünger des neuen Ge-
schlechts!
Vieles, was mächtig bis heut, vieles war traurig und wüst,
Aber es wächst in der Welt Ordnung des reineren Rechts.

Seht, wie der Kampf eurer harrt!
Schlechtes noch schreckt euern Schritt, Schatten der Däm-
merung sinkt,
Zwietracht und blutiger Wahn grauer Vergangenheit
starrt.
Aber ihr fürchtet euch nicht. Seht, wie die Zukunft euch
winkt!

Kommende Männer und Fraun!
Bildet in Kampf euch und Leid, formt euch in Not und in
Pein!
Wandert zu Höhen, weithin Ströme des Lebens zu schaun!
Schaut und schreitet und wirkt, kühn eine Welt zu befrein!

2. Parole

Gradaus den Blick,
Kühneren Schrittes ins weltoffene Leben hinein:

Dich grüß' ich, junges deutsches Geschlecht,
Garde der Zukunft, schimmernd im goldroten Frühlicht-
schein.
Du bist die kämpfende Truppe des neuen Volkes im Land,
Mutige Liebe zur Wahrheit das Schwert in deiner Hand,
Treue zum eigenen Wesen die Fahne, die du führst,
Wille zur edlen Freiheit die Trommel, die du rührst.

Junge Gäste

Ein Vorspruch

Ich lad' euch, meine jungen Gäste,
Ihr Kinder dampfumwölkter Zeit,
Zu einem stillen Sonnenfeste
Ruhvoller Herzensheiterkeit.

Kommt aus der Qual, kommt aus der Mühe,
Die euren Jugendpfad umgraut!
Die Knospe harrt, daß sie euch blühe,
Der Himmel harrt, daß er euch blaut.

Wie bleich ihr seid! Auf euren Wangen
Mit fahlen Fingern zuckt die Not,
Die Brust durchzittert ein Verlangen
Nach Frühlingswein und Festtagsbrot.

Kommt her – wir wollen euch erquicken,
Mit edlen Gaben euch erfreun,
Den Dunst der häßlichen Fabriken
Mit einem Schönheitsstrahl zerstreun.

Trinkt aus dem schimmernden Pokale,
Lauscht auf der großen Künstler Spiel,
Setzt mit den Weisen euch zum Mahle,
Erkennt mit Lust des Forschers Ziel! . . .

Ach, daß ihr dürftet! Welche Schranken
Sind euren Wünschen schroff getürmt!
Der Sehnsucht fliegende Gedanken,
Sind sie zu kühn vorausgestürmt?

Auch euch, auch euch noch drückt darnieder
Die Erzfaust der Notwendigkeit?
Der Lebensfreude Lichtgefieder,
Entschwindet's euch noch wolkenweit?

Kommt her! Die Frist kann nimmer währen,
Bereitet eure Herzen heut!
Zum Fest an künftigen Altären

Erklingt ein lockend Maigeläut.

Alte Heimat

Fuhr ich jüngst durch Hannoverland,
Wo das Heim meiner Väter stand.
Grüne Saatfelder, Halme, Gräser
Säumten strichweis die stille Weser,
Buchenwälder warfen Licht
Über der Talflur ernst Gesicht.

Wie der Dampfer so ruhig ging
Und die Seele der Zeit nachhing,
Schien das Leben mir wie ein Traum,
Ob es meines war, wußt' ich kaum.
Sturm und Strudel, ringend durchmessen,
Schier verbrandet und wie vergessen,
Aber aus tiefstem Herzensgrund
Schloß sich Frieden und Kampf zum Bund:

»War's nicht leidenschaftliches Lieben,
Was dumpfgrollend dich fortgetrieben?
Was durch Bitternisse dich trug,
War's nicht glühender Herzenszug?
Mußtest mächtigen Götzen fluchen,
Deines Wesens Heimat zu suchen,
Was ihr Bild verzerrt und entstellt,
Hast du zerschlagen und zerschellt.
Der du zahltest mit eigenem Blute,
War dir jemals treulos zumute?
Hieltest zäh deiner Art die Treu,
Trägst drum nimmer der Jugend Reu.«

So die Seele der Zeit nachhing,
Wie der Dampfer ruhig ging.
Über der Talflur ernst Gesicht
Warfen Buchenwälder ihr Licht.
Strichweis säumten Halme, Gräser,
Grüne Saaten die stille Weser,
Wo das Heim meiner Väter stand,

Fuhr ich jüngst durch Hannoverland.

Heimat des Herzens

Ob du wandelst im Feld allein
Oder durch ödes Gewimmel gleitest,
Unter Sternen oder im Schein
Greller, glühender Lichter schreitest –
Ob entrückt zum murmelnden See
Oder im Lärm der rollenden Speichen:
Fremdheitsweh
Fühlst du jählings das Herz beschleichen.

Zieh deine Bahnen, such dein Gestirn,
Bohre den Blick in den Blick des Gefährten,
Nie wirst du das Rätsel entwirr'n,
Siegel lösen dem Unerklärten.
Nur die Liebe, sehnend wie du,
Läßt das Ewig-Fremde versinken,
Heimatruh
Deine lechzenden Lippen trinken.

Erster Ertrag

Fiel Lied um Lied, fiel Korn um Korn
Aus unbekümmert weiter Hand –
Und manches fiel auf Stein und Dorn,
Und manches fiel auf gutes Land.

Der Sämann sieht es an dem Tag
Der ersten Ernteschau. Er sinnt.
Und sammelt dankbar den Ertrag,
Bemessend, wie er neu beginnt.

Mein Dank

Gesprochen an der Freundesfeier zum 50. Geburtstag

Auf einmal saß ich im Freundschaftskreise
Beim anmutblühenden, festlichen Mahl –
Die liebe Seele jubelte leise,
Durchzittert vom warmgoldigen Strahl.
Wie wenn sich heimliche Hände schlingen
Verstohlen um den Nacken im Spiel,
Froh überrascht fühl' ich umringen
Mich Freunde, denen mein Lied gefiel.
Ich danke herzlich der holden Feier,
Den Worten, die mich freudig geehrt,
Ich lege den Kranz auf meine Leier
Und schmücke mit den Blumen mein Schwert.

Zu Kampf und Liebe ward ich geboren,
Flamme und Rose führ' ich im Schild,
Mit dem Geschlechte des reinen Toren
Pfleg' ich Verwandtschaft im Weltgefild.
Ich bin getappt durch neblige Klüfte,
Geritten durch gefährlichen Sumpf,
Nun trink' ich ruhig die klaren Lüfte,
Fern unter mir, was stickig und dumpf.
Trotz Dreck und Dunkel dankbar dem Leben,
Der Liebe, die mein Werk nicht vergaß,
Weih' ich den Geistern, die zeugend schweben,
Zartquellenden, segnenden Kräften mein Glas.

Mein Weinlied

Den »Sieben« insbesondere

Manch edler Trank hat mich geletzt
Vom Rhein, Tirol und Franken,
Dafür will allezeit und jetzt
Ich meiner Kehle danken.
Denn in des Lebens Wirren bleibt
Wohl wert, was gut gegoren,
Wenn man es nur nicht heimlich treibt
Nach Art der Potatoren.

Auch schwör' ich mich in puncto Wein
Und andrer schöner Dinge
Durchaus nicht auf den Chauvin ein,
Weshalb ich zärtlich singe:
Ein alter Valle d'oro schmeckt
Ölperlend höchst gediegen,
Wenn er im Korbfiasko steckt
Und scheint nicht zu versiegen.

So nach Bordeaux und nach Burgund
Wallfahrt' ich immer gerne,
Nach euch »weint« grade mir der Mund,
Chablis und Haut Sauternes.
Passiert zwar etwas rarer schon,
Euch innig zu begrüßen,
Doch seid ihr dann auch Sängers Lohn,
Sein Leben zu versüßen.

Wär' ich ein Heuchler, hütet' ich
Mich wohl, den Wein zu loben,
Das geht mir völlig wider'n Strich
Nach den zitierten Proben.
Zum Wasser sind mit Recht verdammt
Die Alkoholisierten . . .
Drum: Hoch, was von der Rebe stammt,
Doch wehe den »Geschmierten«!

Beim Tiroler

Ein Trinkspruch

Der Wein wuchs in Tirol
Und nicht zu meinem Leide –
Ihn trank mein Ahne wohl,
Der von der Vogelweide.
Herr Walter war daheim
Bei Brixen oder Bozen,
Wo von dem starken Seim
Die blauen Beeren strotzen.
So will ich als Genoß
Ihn freundlich aufbeschwören,
In kühlem Weingeschoß
Soll er mein Prosit hören.
Willkommen, edler Gast,
An diesem Tisch verweile!
Der du »diu mâze« hast
Erwählt zu deinem Heile.
Tief aus dem Weinpokal
Der Welt hast du getrunken,
Nie ward der Trank dir schal,
Zu Asche nie dein Funken.
Der Minne Heidebett,
Die Lust der süßen Frauen,
Des Kampfes Ruhestätt' –
Laß dir ins Auge schauen!
Du warst in wirrer Zeit
Ein lebensweiser Singer,
Mit frommer Innigkeit
Ein tapfrer Freudenbringer.
Du schenkst gewiß auch heut
Bei diesem Trunk, dem stillen,
Mir, was das Herz erfreut,
Und scheuchst die feigen Grillen.
Was uns das Leben bringt
An schmerzlichem Erfahren,

Ein kleiner Vogel singt
Seit vielen hundert Jahren:
»Kommst du in düstern Wald
Und regnet's rings von Püffen
Aus hohlem Hinterhalt –
Freund, laß dich nicht verblüffen!
Lach' in die dickste Nacht
Und schreite unerschrocken
Zum Tort der Niedertracht!
Sie bleibt im Finstern hocken.
Du aber gehst getrost
Mit deines Liedes Segen,
Ob dich der Spuk umtost,
Dem Morgenlicht entgegen.«
In diesem Sinn, stoß an,
Herr Walter von Tirole:
Wenn man drauf pfeifen kann,
Der argen Welt zum Wohle!

Beim Rheinwein

Wie die Blume des edlen Weins
Duftet würzig und voll!
Wie so heiter das Spiel des Scheins,
Draus manch sonniges,
Erdenwonniges,
Herzerquickendes Lied entquoll!

Weisen Zechern neigt sich mein Sinn,
Die beim Traubensafte versunken
Ihrem Wesen tiefen Gewinn
Weltbeschaulicher Wahrheit getrunken.

Seele süßgesammelten Seins
Schimmert köstlich kühl mir entgegen,
Doch in dieser Perle des Rheins
Spiegelt sich ein glühender Segen.

Spiegeln Blicke blühender Fraun,
Sanftmelodische Lippen sich wieder,
Auf die Wunden des Lebens taun
Balsamtropfen der Torheit nieder.

Der Augenblick

Du schaust mich an mit immer neuem Blicke,
Und süßer Schauer zittert durch den Raum,
Weil ich die Blüte der Minute pflücke
Und trinke deines Herzens Sehnsuchtstraum.

Unsichtbar baut sich eine Zauberbrücke,
Darunter sprüht des Lebens Wellenschaum –
Und wie berauscht von raschem Kelchesglücke
Streift uns des zarten Falters Flügelsaum.

Der Augenblick erweckt die Wundermäre
Der unvergänglichen Erneuerung,
Wie wenn der Saft der Jugend ewig gäre.

Gefühl, der Renner, nimmt mit leichtem Sprung
Die nichtige Kluft von Gestern und von Heute –
Leis lachend klingt ein gläserzart Geläute.

Der schönste Kranz

Doch Einer bleibt der schönste Kranz gewunden:
Die treu mit mir durch Höh'n und Tiefen ging,
Geschlossen in den heiligen Lebensring
Der lichtbeglänzten, schattendunklen Stunden.

Die mit mir teilte Wonneglück und Wunden,
Die stark die Weihen ihrer Wahl empfing,
Mit mir am Kreuz des Dichtertumes hing,
Mit mir den Weg zum Berg des Heils gefunden.

Die mich getröstet, wenn in Hohn und Hassen
Ich ganz allein auf hohem Posten stand,
Von Gunst und Ehre, Lohn und Ruhm verlassen.

Die mit der mutigen, geliebten Hand
Aus schwerem Zweifel, müdem Weltverzagen
Mein Licht entfacht zu neuem Zukunftswagen.

Der Tröster

Von dir ein leises Lächeln in den Morgen,
Der seiner blauen Augen Wimpern hebt –
Und meine Seele weiß, du bist geborgen
Vor jenem Schwert, das ob den Schuldigen schwebt.

Uns quält das Leid der Welt, der Menschheit Sorgen
Umschleichen uns, daß jäh das Herz erbebt –
Von dir ein leises Lächeln in den Morgen,
Und jeder weiß, daß ihm ein Tröster lebt.

Der Tröster lebt im starken Liebesbunde,
Den keine Lüge stört, kein Haß beirrt,
Daran kein Wurm sich nährt im Wurzelgrunde.

Und wenn der Himmel noch so traurig wird,
Der unheilschwanger lastet ob den Dingen,
Dein leises Lächeln muß Erlösung bringen.

Humor

Dem einen ist der »Humor« ein Spaß,
Er schätzt ihn bei seiner vollen Maß,
Dann wird's wieder »ungemütlich«.
Dem andern ist der Humor ein Turm,
Er tut darin in Wetter und Sturm
Mit Tod und Teufel sich gütlich.

Jahresringe

Baum, wachse und sei guter Dinge!
Und macht dir der Frost mal Beschwerden,
Ein Glück, daß die Jahresringe
Zum Panzer des Markes werden.

Kleiner Hort

Vor sämtlichen bösen Satanen
Schützt irgendein kleiner Hort:
Ein Strauß von blauen Enzianen,
Ein Lächeln, ein Liebeswort.

Zu einer Kriegsradierung

Grausiger Geier der Menschheitsnot,
Stern des Krieges, der stechend loht,
Eiserner Helm der gierigen Sphinx,
Unheilbrütendes Dunkel rings –
Wahre dich, lautere Flamme,
Heiligem Leben geweiht,
Im bluttriefenden Schlamme
Kunstverheerender Zeit!

Kriegsdutzendlyrik

Deutsche Kanonen machen Geschichte,
Und sie schießen nur selten blind –
Schade, daß viele deutsche Gedichte
Heut unter aller Kanone sind.

Kämpferin Kunst

Die Kunst, der wir geschworen haben,
Sie liegt von je im »Schützengraben«,
Der uns im Blute steckt, der Geist,
Ist schon im Frieden »eingekreist«
Und wird, wenn er nicht schmeichelnd lungert,
Nach Möglichkeit auch »ausgehungert«.
»Durchhalten« ist des Dichters Wort,
Der nicht um falschen Beifall schnorrt.
Er hat im Kampfe mit der Welt
Sein' Sach' auf sich und Gott gestellt.
Sein Schaffen, Glauben, Leiden, Leben
Ist Festung. Losung: Nicht ergeben!

Wegebahner

Keinem Höhenmahner
Winkt des Tages Huld,
Jeder Wegebahner
Steht in Zukunftsschuld.

Heimspruch

Pfeift auch der Wind mal unwirsch durch die Scheiben,
Er soll mich nicht von freier Höh' vertreiben –
Mein Luftsitz ward mir lieb, er soll es bleiben.

Mein Motto

Willst du den Lohn empfahen,
Den dein Herz selig preist,
Mußt du die Welt bejahen
Im Welterneuergeist.

Festrede zum 100sten

Hoch unser Dichterjubilar!
Er würde heute 100 Jahr
(Drum feiert ihn mit Pomp und Prangen!)
Hätt' er nicht, als er 50 war,
Dem Vaterlande undankbar,
Auf unsre Rechnung und Gefahr
In seinem göttlichen Genick
– Ach Gott, mit lasterbleichen Wangen,
Er war ein großer Galgenstrick! –
Am Lotterbett sich aufgehangen.
Ja, heute würd' er 100 Jahr!
Der Genius ist offenbar
Aus seinem Schandgrab aufgegangen.
Ihr Frauen, opfert am Altar
Der Musen nach Belieben bar,
Er kriegt ein Denkmal, das ist klar.
Auch hat zum Wohl der Enkelschar
Die Lotterie schon angefangen.
Wir stiften, hehrer Jubilar,
Bei dem, was schön und gut und wahr,
Als Kapital auf immerdar –
Mehr kannst du wirklich nicht verlangen –
Was dir im Leben abgegangen.
Denn heute wirst du 100 Jahr'!
In deutschen Lettern: hundert Jahr!
      (Echo aus der Hölle:)
Und bist nun *doppelt* aufgehangen.

Im Gefängnis

Nach Paul Verlaine

Der Himmel ist über dem Dach
So blau, so stille.
Ein Baum wiegt über dem Dach
Seines Wipfels Fülle.

Die Glocke im Himmelsraum,
Sie läutet leise.
Ein Vöglein singt auf dem Baum
Seine traurige Weise.

Mein Gott, welche Ruhe hat
Hier das schlichte Leben!
Friedlich dringt aus der Stadt
Ein raunend Weben.

– Sage, was hast denn du,
Weinend in Bann und Acht,
Mit deiner Jugend du,
Ärmster, gemacht?

Das alte Tor

Nach Ada Negri

Das alte Tor geht auf in dunkler Winkelgasse:
Elend und Aussatz tropft der Mauer klebrige Masse.

Schwarz wie ein Schlund und stumm das Tor, das unheilschwere,
Die Wolken hängen tief, tot starrt es, schrecklich ins Leere.

Tot? . . . nein, es denkt. – Weiß Dinge, begraben in Zeitennacht,
Weiß vieles – Lieben und Leiden, Erbarmen und Niedertracht:

. . . Heiter ging morgens hinaus, abends kam müd und verdrossen
Zurück die zarte Gestalt, wachsbleich, mit ihren Genossen.

Um den stolzen Mund, in dem graugrünen Auge träumt' es so leuchtend schön.
Eines Tages kam sie nicht wieder. Niemand hat sie wiedergesehn.

Das alte Tor sinnt nach: – In der dunkeln Gass', eines Nachts,
Zwei Leiber, ein Knäuel, ein Stoß, ein Schuß, in den Wölbungen kracht's –

Zwei Worte: Weh mir! Zu Hilfe! Hilflos, im Dunkeln belauert,
Ermordet . . . Die ganze Nacht hat das Röcheln des Opfers gedauert.

Vorüber zogen rhachitischer Kinder kleine, armselige Bahren,
Sie starben an Schwindsucht und Hunger in ihren unschuldigsten Jahren.

Die Mutter beweinte sie nicht, ganz kurz nur währten die Klagen,
Süß winkt des Friedhofs Ruhe den schwachen Kindlein im Schragen.

Vorüber zogen die Arbeiter singend. Aber sie sangen
In schwerem Rhythmus, es klang nach heimlicher Trauer und Bangen.

Klang nach verborgenen Tränen ... Von oben schaute ein Mäd-
chen und bückte
Tief ihr Gesicht in die kranke Geranie, die dürftig ihr Fenster-
chen schmückte.

Wie viele Seufzer und Träume des armen Lebens vernahm
Das alte Tor? ... Nun ist's müde und denkt. Genug Grauen und
Gram!
Nun werd' ich fallen!

*   *

*

Mit heller Freude werden morgen die Picken und Hämmer die
grauen
Häuser des häßlichen Gäßchens zu Schutt und Trümmern zer-
hauen.

Niederreißen die Mauern, die feucht von Fieber und Typhus
triefen,
Die geschwätzigen Treppengeländer, die Bögen, die schmutzi-
gen, schiefen.

Die Stuben, wo wüst durcheinander auf engen Lagerstätten
Väter und Mütter und Kinder zur ruhlosen Ruhe sich betten. –

Dann spürt die traurige Brut zuerst der Liebe Wehen
Und sieht, daß auf der Erde noch Bäume in Blüte stehen.

Sieht reine, schlichte Freuden, sieht Häuser mit schmucken Bal-
konen
Voll Luft und Wind, wo Lachen und fröhliche Lieder wohnen.

Und du, du altes Tor, gestürzt in Staub und Trümmern,
Du siehst zum ersten Male im Fallen die Lichtwelt schimmern.

Hörst pochen den heiligen Lenz, den Wecker der Veilchen und
Wonne,
Atmest im Sterben den Sieg der starken, fruchtbaren Sonne.

Der Fliederstock

Ein Fliederstock in vollem Schmuck
Und weißem Doldensegen
Gab mir nach dumpfem Winterdruck
Frohheimlich Herzerregen.

Viel duftige Kelchlein läuten mir
In leisen Feiertönen,
Sie läuten und bedeuten mir
Ein lieblich Weltversöhnen:

»Lausch auf den reinen Geisterklang
In Erdenlärm und -wüten,
Ein Himmel lebt – o sei nicht bang! –
Der Dichtung Licht zu hüten.

Ein Himmel lebt im Schönheitssinn
Werkfreudiger Gefährten,
Sie tragen durch den Haß dahin
Die Botschaft der Verklärten.

Sie tragen durch den Rauch und Brand
Zermalmender Gewalten
Den Stern der Menschheit in das Land
Unsterblicher Gestalten.

Das ist der stille Geisterzug,
Der deinen Weg umzittert
Und, ob die Faust der Zeit dich schlug,
Dich aufhebt unerschüttert.«

So klingt ein zart und stark Geläut
Mir aus den Fliedertrauben,
Das Herz sich alter Hoffnung freut
Und glüht in neuem Glauben.

Die Kunst, die wahr um Liebe wirbt,
Braucht nimmer zu verzichten,
Durch Treue, die im Sturm nicht stirbt,
Wird sie ihr Reich errichten.

Eduard Mörike

Bist wie der morgenkeusche
Garten für Gotteskinder,
Tropfend vom Nachttau.
Goldregen überhängend;
Weiße Akazientrauben
Springen auf und hauchen
Kräftigen Wohlduft.
Zwischen Beet und Gebüsch,
Anmutschwebend,
Blütenzärtlich,
Summt ein liebereifes Mädchen
Heimlich für sich hin ein Lied.
Schelmisch lächelnd
Ob keck geträumten
Küssen der ahnungquellenden Nacht,
Vom Zweige bricht sie
Die volle Dolde
Dunkelblauen Flieders
Und kühlt am feuchten
Kelchsternengewimmel
Ihrer lieblich glühenden Wangen
Seltsame Sehnsucht,
Frühlingschauernd . . .
Sie lauscht versonnen und schaut:
Hoch oben,
Wo das blaue Band durch die Lüfte weht,
Langsam schwimmen vorüber,
Behutsam geborgen auf silberhellem Gewölk,
Die singenden, spielenden, ruhenden,
Sonnennackten Engelsbübchen
Der unsichtbar schirmenden Mutter
Ewigkeit . . .

Ludwig Uhland

»Ich hatt' einen Kameraden« –
Der uns dies Lied ersann,
War nicht von Fürsten Gnaden
Ein auserwählter Mann.

Er hat mit schlauen Worten
Ruhmredig nie geprahlt,
Ging scheu vorbei den Orten,
Wo Schmeichlers Münze zahlt.

In seines Herzens Grunde
Ein Kleinod blinkte rein,
Tief mit dem Volk im Bunde
Stand dieser Edelstein.

Aus Ludwig Uhlands Weise
Grüßt mit der Treue Blick
Die echte Sehnsucht leise
Nach freiem Volksgeschick.

Die Wächterin

Ein Prolog, gesprochen an der Tagung für neue Bühnenkultur
Sept. 1917 in der Festvorstellung des Mannheimer Hoftheaters

Stumm harrt das Volk. Aus unerkannter Reih'
Erscheint, die stets ein Traum der Besten war
Und tiefe Sehnsucht geistesedler Frau'n.
Sie naht ursprünglich wie die Liebe, frei
In Haltung und Gebärde, wunderbar
Gelassen, ohne rechts und links zu schau'n,
Der Bühne tief verhangenem Heiligtum
Und wendet sich und überblickt das Haus. –
Hoch in der Linken hebt mit starkem Arm
Den Spiegel sie, darin das Flammenherz
Der Menschheit unverschüttet widerscheint,
Und mit der Rechten deutend kündet sie:
»Dem Ort der Weihe bin ich Wächterin,
Den hinter mir des Vorhangs Hülle schließt.
Wenn er sich öffnet, öffnet sich die Welt,
In Ausdruck, Wort und Bild gebannt, dem Aug'
Und Ohr. Gestalten wachsen wahr heraus,
Die euch mit ihrer Menschlichkeiten Macht
Und Ohnmacht mahnen an verwandtes Los
Und zeugen von dem bindenden Gesetz,
Das sternensicher Heil und Unheil fügt.
Dem Ort der Weihe bin ich Wächterin,
Und Opferflammen will ich lodern sehn
Zur Abwehr falschen, wesensfremden Spiels,
Zum Hort der hohen, lebensläuternden Kraft.
In Kraft und Fülle soll ein Tatgebild
Vor euch sich traumhaft heben. Alle Not
Und Niedrigkeit und majestätischer Stolz
Der Menschheit, was sie schändet und erlöst,
Soll euch zur Seligkeit durch Feuer führen.
Kennt ihr die herzerobernd kühne Kunst,
Die gleich der weißen Lichtwalküre steigt
Durch Sturmgewölk zu lichter Götter Saal,

Indes im Sumpf sich die Gewohnheit krümmt
Der ewig ehrfurchtlosen Ehrbarkeiten?
Dem Ort der Weihe bin ich Wächterin,
Den Ort des Weltbilds weih' ich allem Volk,
Das Sehnsucht tief durchzittert, sich zu baden
Im Meer der ungeheuren Leidenschaft,
Im Quell der heiligen Aufrichtigkeiten.
So lauscht und feiert, sammelt euch zum Bild,
Das sinnentzückend, grausig, zart und wild,
Entfesselnd und beherrschend sich im wahren
Weltspiel des Dichters sehnt zu offenbaren!«

Hymne an Zeppelin

Majestätische,
Stolze Geleise
Zog es von dannen . . .
Wie staunte die Nacht!
Wunder umwob
Die geflügelte Reise,
Von dem gewaltigen
Luftschiff vollbracht.

Willkür und Allmacht
Der Winde gebrochen,
Dunkles Geheimnis
Des Fluges erkannt!
Höher die Pulse
Der Harrenden pochen,
Sphären gehorchen
Der steuernden Hand.

Wachende Städte!
Wimmelnde Fluren!
Siegverkündender
Funke der Welt!
Völker des Erdballs
Folgen den Spuren,
Die durch das Luftreich
Vorbahnt ein Held.

Held! Ob erschütternden
Mißgeschickes
Blindverwüstendes
Feuer dich schlug,
Unbeirrbar
Forschenden Blickes
Planst du schon neuen,
Erprobteren Flug.

Held! Deiner Seele

Einiger Wille,
Deiner Erkenntnis
Sicherer Mut
Hielt in Stürmen des
Ungemachs stille,
Weihte dem Meisterwerk
Leben und Blut.

Graf Zeppelin,
Du zähester Schwabe,
Dem sich der Sehnsucht
Erfüllung beschied,
Dir unsrer Herzen
Dankbare Gabe,
Dir der Bewunderung
Schwellendes Lied.

Die Welle

Empor schlug die Welle,
Die Wogen der Wahrheit
Ersahen die Menschen,
Erobern das Reich.

Sie sind aus den Tiefen
Des Lebens gestiegen,
Sie brausen zusammen,
Gewaltig gestaut.

Es wanken die Sessel
Der sichern Gesellschaft,
Die Schläfer erwachen,
Die Müden stehn auf.

Nun gilt es zu bauen
Ein starkes Gebäude,
Nun gilt es zu bilden
Ein stattliches Werk.

So schlagt mit dem Hammer,
So haut mit dem Meißel,
Mit Kühnheit besonnen
Errichtet den Bau!

Daß weit allem Volke
Die Wohnstatt sich wölbe,
Auf freierem Grunde
Gerechter erhöht . . .

Seid eins in der Liebe,
Zu schlichten den Hader,
Durch Zwietracht untrennbar
Seid einig und – schafft!

Gesetze zu schmieden,
Sei Weisheit beschieden,
Doch Schönheit durchschimmre
Die Säulen der Kraft!

Wohlauf

Den Kämpfern um ein freies Wahlrecht in Preußen gewidmet

Es geht eine Brise, es hebt sich ein Wind,
Die Segel, sie knattern und schwellen,
Wohlauf denn, für Kinder und Kindeskind
Ins Ruder gelegt euch, Gesellen!
Und drohen auch Schiffe, gewaltige, rings
Die Bahn zu versperren den Booten,
Geschaut nicht nach rechts und geschaut nicht nach
links!
Brecht durch! Sonst seid ihr Heloten.

Was rauschen die Wogen, was rinnt in der Luft?
Was zittert von Lande zu Lande?
Die Toten, sie graben dem Leben die Gruft,
Die Sklaven, sie hüten die Bande.
Doch über die dumpfe, geduldige Welt
Jäh fuhr es aus Höhen und Gründen,
Drum vorwärts, und dorthin das Steuer gestellt,
Wo die Feuer der Freiheit sich zünden!

Und wollt ihr die Kinder des neuen Geschlechts
Erlösen vom faulen Geflunker,
Stopft Wachs in die Ohren euch vor dem Gekrächz
Der Pfaffen und Jobber und Junker!
Und wollt die Gestade der Sehnsucht ihr schau'n,
Wo die Säulen der Menschlichkeit ragen,
So greift in die Ruder mit kühnem Vertrau'n –
Und die Wellen, sie werden euch tragen.

Basel

Zum internationalen Friedenskonzil 1912

Die Fahnen rauschen,
Die Glocken läuten:
Es tagt in Basel
Ein neu Konzil.

Das alte Münster
Ragt ob dem Rheine –
Durch seine Quadern
Braust neues Spiel.

Die Abgesandten
Der Völker reichen
Sich fest die Hände
Zum heiligen Bund:

»Wir wollen zeugen
Aus Macht und Wahrheit –
Vor Grauen zittert
Der Erde Grund.

Was Menschen mühvoll
Schaffen zum Schönen,
Schamlos verschlingt es
Des Wahnsinns Gier –

Zum Völkerschlachten
Die Frevler schüren,
Doch Brand und Fackel
Verlöschen wir.

Vernehmt, ihr Völker,
Was wir verkünden:
Gereift sind Saaten
Der neuen Welt.

Der Arbeit Heere
Fordern Frieden –
Wehe den Mördern

Von Firn zu Belt!«

Die Glocken läuten,
Die Fahnen rauschen,
Auflauscht erschüttert
Der Vater Rhein:

Die greisen Kämpfer,
Die blühenden Kinder,
Sie ziehn zum Münster
Der Menschheit ein.

Wilder Jäger

4. August 1914

Bona fide
In tirannos!

Hast du Wode gehört,
Wilden Jäger der Nacht,
Und wie Siegfried sein Schwert
Scharf geschliffen zur Schlacht?

Hast geschaut du am Rhein,
Wie der Freiheit zum Sold
Gute Niblungen weihn
Schwere Schätze von Gold?

Horch: Feinde ringsum!
Rennt die Losung durchs Land,
Und der Hader wird stumm,
Und der Groll gibt die Hand.

Volkes Aufgebot
Wie der Sturmwind bereit,
Und: Auf Leben und Tod
In den teuflischen Streit!

Keine Hilfe versagt,
Freideutschland heraus –
Mit der Tücke gewagt
Den notwendigen Strauß!

Dem verschlagenen Wicht
An der Newa den Lohn,
Der die Eide zerbricht,
Unserm Glauben zum Hohn!

Und dem schuldigen Bund
Seiner Schergen die Faust,
Daß dem Höllenhund
In den Abgründen graust!

Blankes Schwert empört!
Welt voll Niedertracht!
Hast du Wode gehört,
Wilden Jäger der Nacht?

Bismarck

1 Dem Einiger

Aus dem Jugendgedicht »Deutschland«. Eine Vision. 1884

. . . Gewölk flog hin. Doch wieder nah und fern
Ging auf am Himmel blinkend Stern an Stern.
Und wie ich folgte der Planeten Schar,
Ein seltsam Wunderzeichen nahm ich wahr.
Geschrieben stand ein Wort aus Sternenglut,
Das durch die Adern schwellend trieb mein Blut.
    »Alleinig« hieß die Flammenschrift da droben,
    Und mancher sah's, den gläubigen Blick erhoben.

In eines Kiefernwaldes Lichtung – wer
Im Jagdrock lehnte sinnend am Gewehr?
Welch wuchtige Stirn, welch zielgerader Blick!
»Zur Größe muß des Vaterlands Geschick
Gehämmert sein«, zuckt's durch die Erzgestalt,
»Und schweigt der Wille, donn're ich Gewalt.
    Daß Deutschlands schwanker Gliederbau erstarke,
    Sein faules Fleisch ausschneid' ich bis zum Marke.«

Und schon erschien dem Schauenden ein Bild
Des Völkerschicksals – Sedans Schlachtgefild.
Die Nebel wallten über Tal und Fluß,
Kanonendonner folgend Schuß auf Schuß.
Kolonne an Kolonne schloß den Ring,
Drin sich das schuldige Opfer ganz verfing.
    »Was treibst du noch zum Kampf, verfallner Kaiser?
    Dein Thron zerspliß wie morsche Fichtenreiser.«

Gebrochen stand mit hohlem Aug' er da,
Deß Fieberglut dem letzten Flackern nah.
Weil du der ränkevollen Ruhmgier Sohn,
Versank dein Stern in Nacht, Napoleon.
Doch zischte durch die Reihn kein geiler Spott,
Ernst klang's empor. »Nun danket alle Gott!«
    Und klar und feierlich von Mund zu Munde

Stieg der Choral aus aller Herzensgrunde.

Wie der Gesang mir noch im Ohre rauscht!
Voll Kindesandacht hab' ich still gelauscht.
Ein neuer Hauch zog in die Seele ein:
Sei wert, des eignen Volkes Sohn zu sein!
Der giftige Wurm der Zwietracht ist gefällt,
Fest stehn wir da in Sturm und Streit der Welt,
Der Besten Sehnsucht ist erfüllet worden:
Eins vom Gebirg bis zu des Meeres Borden . . .

2 Dem allmächtigen Gegner

Während des Sozialistengesetzes 1888

Dich tadeln? Nein! So lumpig sind wir nicht.
Du bist ein ganzer Reck und Torentstammer.
Nun senkst du mit zermalmendem Gewicht
Aufs eigne Volk den harten Eisenhammer.

Du bist ein urgewaltiger Stilist,
Und deine Reden gleichen Steinholzknorren.
So Dämon bist du, wie du Schöpfer bist,
Und läßt die Hand, die sich empört, verdorren.

Ja, großer Mann, dir zittert deine Zeit.
Des Zornes Glut raucht um Berserkerbrauen.
Du brandmarkst Deutsche, deren Sehnsucht schreit,
Ein Reich des neuen Menschenrechts zu bauen.

Gespenster huschen um dein dräuend Haupt,
Strafbüttel schmeicheln knechtisch deinen Spuren –
Du fluchst zu Gott und treibst, von Haß umschnaubt,
In Satans Krallen deine Kreaturen.

3 Dem Toten

1914

Der Deutschland in den Sattel hob,
Ruht jenseits Tadel, jenseits Lob

In Sachsenwaldes grünem Haus
Vom Heldenkampf des Lebens aus.

Da zuckt mit Donnerkrach der Blitz!
Wer klopft ans Grab? Der Alte Fritz.
Auf! Beide machen sturmumgellt
Mobil die Tod- und Teufelswelt.

Hoch in gespenstergrauer Wehr
Ziehn sie voran dem wilden Heer,
Auf Wolkenrossen durch die Nacht
Hinwogend ob der Völkerschlacht.

»Und wer ist drunten mit dabei?
›Frei-Deutschland!‹ tönt ihr Feldgeschrei.
Kein Reichsfeind?! Nur ein Vaterland!
So steh, mein Volk, im Weltenbrand!« –

Wenn stark gesichert Deutschlands Glück,
Kehrt Bismarck in die Gruft zurück
Und ruht vom wilden Höllenstrauß
Im Sachsenwald für ewig aus.

Deutsche Wandlung

Du Volk, das heut in Waffen
Sich einer Welt erwehrt,
Die Wesen, Wollen, Schaffen
Zu schänden dir begehrt –
Du Volk, das überfallen
Von Feindes Trug und List,
Den falschen Neidern allen
Zum Schimpf geworden bist.

Durch schwere Schicksalsstunden,
Von heiliger Glut entbrannt,
Hast du mit Blut und Wunden
Dein künftig Bild bekannt.
Daß nur noch gelten werde
Dem Manne gleich der Mann . . .
Dann bricht auf deutscher Erde
Das Reich der Freiheit an.

Sir Roger Casement

Sir Casement erdrosselt –
Weil er ein Treuer war
Und heiß ins Herz geschlossen
Das Land, das ihn gebar.

Erdrosselt und ermordet –
Weil er ein Freier war,
Lord von Natur gelordet,
Kein Knecht der Krämerschar.

Ermordet und gemeuchelt –
Weil er ein Feuer war
Und nie als Held geheuchelt,
Daß deutsch ihm teuer war.

Kosakendank

Nach einer wirklichen Begebenheit

Zerschmettert lag in Sumpf und Moor
Des Zaren dräuende Armee,
Die deutsches Land zum Raub erkor,
Daß deutsche Art zugrunde geh.

Wo der Granatenhagel strich –
Zerfetzte Klumpen Mensch und Tier –
Matt und verwundet schleppte sich
Noch ein Kosakenoffizier.

Und mitten durch das rote Bad
Zum nächsten Grauhelm kroch er hin:
»Mich dürstet, deutscher – Kamerad!«
Sein Betteln rührt des Kriegers Sinn.

Und mühsam unter Schmerzen reicht
Die eigne Flasche stumm der Mann
Und denkt: »Solch Sterben ist nicht leicht,
Ob Freund, ob Feind – so lab dich dran!«

Er merkt nicht, wie der falsche Hund,
Kosakenoffizier dazu,
Indes den Trank er führt zum Mund,
Rasch zum Revolver greift im Nu

Und hinterrücks ihn niederknallt,
Der ihm die letzte Labe bot . . .
Sein Auge flirrt, die Lippe lallt:
»Mordbube, feiger!« Und ist tot.

Der Leutnant seines Zuges sprang
Herzu, von langer Schlacht erschöpft,
Doch wie er da den Degen schwang,
So schnell ward nie ein Schuft geköpft.

Krieg

Schlägt ewig Kains Neid auf Bruder Abel,
Weil gottgesegneter sein Opfer dampft?
Wird trotz der internationalen Kabel
Die Saat vom Ungeheuer Krieg zerstampft?
Der Schlachtengeier wetzt voll Gier den Schnabel,
Daß schaudernd sich das Herz zusammenkrampft –
    Es wühlt der Haß von Zone fort zu Zone,
    Dumpf heult die menschenhungrige Kanone.

Noch hält der rohe Wahnsinn racheschäumend
Bluternte, bis die Scheuern übervoll,
In Knäueln packt sich durcheinanderbäumend
Der zähnefletschend aufgepeitschte Groll.
Was weltversöhnend, völkerfriedeträumend,
Moloch verschlingt es, blindhinwütend, toll,
    Gefüttert mit Verleumdung, lügenstrotzend,
    Auf Leichenpyramiden grausig glotzend.

An Italien

Land des sonnenklaren Lichtes,
Deutscher Künstlersehnsucht Hort,
Spielball – weh! – des eitlen Wichtes,
Der dich kirrt mit falschem Wort!

Deinen leuchtenden Gefilden
Bleibt der Zug der Sehnsucht treu,
Ewigschönen Kunstgebilden
Wahrt die Seele fromme Scheu

Deines Volkes Hungerschreien
Höhnt des Kriegs gefräßige Saat –
Gott allein mag dir verzeihen
Deinen giftigen Verrat!

Dem geduldigen Vertrauen
Stießest du mit Gleisners Gier
Hinterrücks ins Herz. Ein Grauen
Faßt uns. Weh, Verräter, dir!

Was dein großer Dichter Dante
Für des Judas Tat erschaut,
Der in höllisch Eis ihn bannte,
Wo nur Blut und Geifer taut –

Wo des Satans Klauen weiden
Ihm die Haut ab Glied um Glied,
Und er muß am schwersten leiden,

1

Weil er seinen Freund verriet –

1

»Quell' anima lassú che a maggior pena«
Disse il maestro – é Giuda Scariotto.
•
• Inferno XXXIV 61
•
•

Deinem schändlichen Verschulden
Winkt die Sühne sinnverwandt:
Selbstzerfleischung mußt du dulden
Und erstarrst im eignen Brand.

Die Kanone

Gen Himmel reckt das Kanonenrohr
Den unersättlichen Rachen.
Das eiserne Untier horcht. Sein Ohr
Verfolgt die Schritte der Wachen.

Gefressen hat es den ganzen Tag;
Nun kann es ruhn und verdauen.
Doch eh' im Osten es dämmern mag,
Gibt's frische Knochen zu kauen.

Musik, Musik in Blut und Kot
Ist ihm das Wimmern und Stöhnen.
Was wächst auf Erdenfeldern Brot?!
Fleisch! Schlachtfeld! Heulen und Dröhnen!

Gen Himmel reckt die Faust geballt
Ein Sterbender. Stumm bleibt die Ferne.
Verdorrt seine Zunge. Klar und kalt
Funkeln die himmlischen Sterne.

Selbsttreue

Allen Gewalten
Zum Trutz sich erhalten

Goethe

Die Hölle brüllt. Entfesselte Dämonen
Verschworen sich, kein Menschgefühl zu schonen,
Der Glaube röchelt, und die Liebe stöhnt.
Was unsres Herzens reiner Sehnsucht teuer,
Die edle Saat zerstampft ein Ungeheuer,
Von dessen rohem Schritt die Erde dröhnt.

Durch diesen Krampf, dies Zucken wilder Leiden,
Austobend in der Menschheit Eingeweiden,
O Seele, rette dir dein höchstes Gut!
Mag Not und Qual der Hölle dich umbranden,
Wahr' dir die Wehr, der wüsten Welt zu Schanden:
Der Selbstbehauptung mächtigen Schicksalsmut!

An Deutschland

Von einsam rötlichen Heidestrecken,
Wo schweigend Hirt mit der Herde zieht,
Zur schwarzen Stadt, wo sich Schlote recken
Und Hämmer dröhnen ihr eisern Lied . . .
Von Meereshäfen, mastenreichen,
Drin Pfeifen heulen und Kräne knarr'n,
Zu schattenspiegelnden Bergesteichen
Und märchenwebendem Hochwaldfarn –

Wo Menschenhände sich wirkend rühren
Und wo die Seele der Heimat sinnt,
O all deine Adern und Fasern spüren
Den Strom des Schicksals, der dich durchrinnt,
Deutschland, Mutter der Schaffensfrohen,
Wiege der geisteskämpfenden Kraft,
Das unter dem Herzen trägt Heroen
Heiliger Kunst und Wissenschaft!

Erst zuckt' es durch all deine Fasern und Adern,
Als schlüge der Blitz in dein innerstes Sein;
Dann ruckt' es zusammen zu menschlichen Quadern,
Dein Fuß wurde Fels, dein Haupt wurde Stein.
Es zerrten und rissen die Fluten der Lüge,
Der Sturm der Zerstörung an deinem Gebein –
Du hieltest gewaltig in deinem Gefüge
Und botst der Verleumdung ein ehernes Nein!

Festgeschlossen, in Erz gegossen,
Deutschland, menschheitgläubiges, steh!
Eins im Wehrbann der Werkgenossen,
Eins im Wahrheitsbund der Idee.
Deines verbündenden Geistes Mauer
Sei der Gerechtigkeit schützendes Tor,
Unter dir der Vernichtung Schauer,
Wachse zur Wartburg der Freiheit empor.

Auf Wacht

Die Länder brennen . . .
Wer hat Brand entfacht?
Gier, Haß, Verkennen?
Blut will's noch kosten.
Posten,
Halt fest, halt fest auf treuer Wacht!

Durch Höhn und Gründe
Morgengraun erwacht.
Wer Gott verstünde!
Aus Trümmerlöchern steigen
Lerchen. Unheimlich Schweigen
Von Front zu Front. Bis daß es heulend kracht.

Mit Menschenwitze
Bin ich am End'.
Die Hölle lacht.
Auf Bajonettes Spitze
Pflanz' ich den letzten Glauben,
Kein Teufel soll ihn rauben:
Gen Not steh ich und Niedertracht.

Nicht will ich morden.
Um Land und Leben geht die Schlacht.
Mich lockt kein Orden
Und kein gemein Begehren,
Will nicht die Welt verheeren,
Das schwör' ich hier mit ganzer Herzensmacht.

Einer für alle . . .
An tausend Mütter hab' ich jetzt gedacht.
Und wenn ich falle,
Soll ihren Tränen Sonne scheinen:
Alle für einen!
Halt, Deutschland, fest auf starker Freiheitswacht!

Mensch und Partei

Wuchs und Rasse spotten der Regel,
Blut geht tiefer als Feldgeschrei:
Edelleute und Herrgottsflegel
Gibt es stets bei *jeder* Partei.

Zukunftsdank

Den Kämpfern, die uns ihr Blut geweiht,
Dankt nur der Schatz der Gerechtigkeit.
An ihren Kindern laßt es uns lohnen:
Im Haus der Freiheit sollen sie wohnen.

Der frische Wind

Der frische Wind soll nicht verflauen,
Den uns gebracht die große Not,
Und nur an sichern Ankertauen
Befestigen wir der Freiheit Boot

Weihnachtssaat

Gen Himmel groß durch Winterland
Und weiße Sternennacht
Ein Sämann schreitet bis zum Rand
Der fernsten Wehr und Wacht.

Er schreitet mit gewaltigem Schritt
Den Riesenacker ab
Und mißt den blutigen Ernteschnitt
An Helm und Kreuz und Grab.

Vor manchem Hügel schneeumhüllt
Da stockt des Sämanns Fuß,
Er neigt das Haupt von Schmerz erfüllt
Und beut der Ehrfurcht Gruß.

Dann richtet sich sein Rücken fest,
Nach Gottes Ruf und Rat
Schwingt er den Arm, und fallen läßt
Er segnend seine Saat.

Und wenn ein Saatkorn fällt, so sprießt
In freier Heimat Grund,
Die Kampf und Not zusammenschließt,
Ein neuer Menschenbund.

Und wo zu Kindesweisen hell
Erwacht der Lichter Schein,
Tief springt im Herzen auf ein Quell,
Der löscht der Mütter Pein.

Und wo sich heimlich um Verlust
Die Seele sorgt und müht,
Da geht ein Stern auf in der Brust,
Der Stern der Zukunft glüht.

Das wirkt des großen Sämanns Hand
In weißer Weihenacht,
Er wirft die heilige Saat ins Land
Der deutschen Liebesmacht.

Komm, o Pfingsten!

Pfingsten, ich suche dich,
Du Fest der Freude,
Wo neues Leben
Durch Not und Tod
Alten und Jungen
Mit Feuerzungen
Weltoffenbar wird.

Pfingsten, dich suchen wir,
Du Fest des Sieges,
Wo Wahrheitsschwingen
Ob Lug und Trug
Die Luft erfüllen,
Falschheit enthüllen,
Völkerdurchbrausend.

Pfingsten, ich suche dich,
Du Fest der Geistkraft,
Wo sturmgeläutert
Von Neid und Streit
Sich Menschenmächte
Für's Edel-Rechte
Strömend vermählen.

Pfingsten, dich suchen wir,
Fest der Gemeinschaft,
Wo gleich durch Wunden
Zu Rat und Tat
Sich frei verbunden
Höchste Geringsten.
Komm, o Pfingsten!

Der große Pflüger

Es geht ein Pflüger
Mit scharfem Pflug,
Er kehrt den Acker,
Der giftig Unkraut im Schoße trug.

Sein Eisen schneidet
In tiefen Grund,
Die Scholle leidet,
Als sei die Erde zu Tode wund.

Mitleidlos
Der Pflüger schaut,
Sein Pflug ist groß,
Tausendmal so groß
Wie des Menschen, der seinen Acker baut.

Er wühlt das Feld
Bis zur Hölle durch,
Ihr Schreien gellt
Gen Himmel schauerlich Furch' an Furch'.

Aufleuchten Schächte
Von lauterm Gold,
Der Opfermächte
Edelgestein dem Pflug entrollt.

Hat ausgepflügt
Der Pflug einmal,
O daß die gerechte Hand es fügt:
Mit allem, was schlingt und wuchert und lügt,
Das Feld gereinigt von Schmach und Qual!

Schicksalssterne

Im silbernen Äther
Was singen die Leuchten,
So urfern von zitternder Sehnsucht erschaut?
Kein Stern hilft den schwankend
Vom Schicksal Gescheuchten,
Sie singen ein Lied nur: »Steht fest und vertraut!

Steht fest wie die Sterne,
Vertraut eurem Kerne,
Seid ruhig dem innersten Wesen getreu!
In wirbelnden Flammen
Rafft zäh euch zusammen,
So bannt ihr das Schicksal – und alles wird neu.

Das Schicksal von oben,
In euch will's erproben
Die göttliche Kraft, die sich glühend bewährt.
Wer gibt sie verloren?
Zieht kühn zu den Toren
Der Tat, ob die Zeit auch mit Schrecken sich jährt!

In Wunden und Schwären
Muß leidend gebären
Die Mutter, die Erde, den Siegfried des Lichts.
Zu Staub die Verräter!
Heil hilfreichem Täter!«
So singen im Äther
Die ewigen Sterne des Weltengedichts.

Ostern

Und wir schritten durch Schleier, und jeder sah
    Wie blind der Erde Gefild,
Und wieder hob sich auf Golgatha
    Im Nebel das blutige Bild

Und wieder bebte der Erde Grund,
    Versank die Lichtwelt in Nacht,
Und die Liebe neigte sich todeswund
    Und sprach: »Es ist vollbracht!«

O die wir gewandelt in Dunkelheit
    Und gelitten in Kreuz und Not,
Wir hungern nach wahrer Gerechtigkeit
    Und dürsten nach neuem Gebot.

Wir recken die schaffenden Hände zum Licht
    Für unser Leben und Land,
Und aus dem Schoße der Himmel bricht
    Ein Strahl, der die Finsternis bannt.

Wir schöpfen die Himmel, wir schöpfen den Strahl
    Aus des eigenen Volkes Schoß,
Und wir erzeugen in Krampf und Qual
    Der Menschheit schöneres Los.

Und wir schreiten in stählender Lüfte Wehn
    Durch der kreißenden Erde Gefild – –
Und das blutende Leben muß auferstehn
    In erblühender Zukunft Gebild.

Pfingsttrost

Seit die grünen Flammen erglommen
Aus den Wäldern vom weichen Wind –
Herzen, starr und schicksalbeklommen,
Habt ihr wohl, trostlauschend, vernommen,
Was durch heilende Lüfte der Erde rinnt?

Lindernd durch leidende Lande
Rinnt es, wie hoffnungschwellend Geläut:
»Löst euch, lähmende Bande,
Die ihr mit Schmach und mit Schande
Nachtdämonisch das Leben quält und bedräut!«

Seit die grünen Flammen erglommen
Aus den Wäldern vom weichen Wind –
Haben Herzen ein Läuten, lieblich wie Botschaft der Engel,
vernommen,
Daß die Tage der Pfingsten zu uns kommen,
Wo die Feste der Menschen wieder Feste des fröhlichen Lebens
sind.

Es werde gar

Die Sonne verschüttet ihr goldenes Haar,
Das Auge des Himmels leuchtet so klar.

Nur hier auf der Erde noch raucht es von Blut,
Da rollen die Schwaden von Gift und von Wut.

Da brodeln die Dämpfe von Haß und von Gier,
Als wäre der Mensch das verworfenste Tier.

Die Tiere sind schuldlos nach ewigem Wort,
Die Menschen sie *wußten* – und wählten den Mord.

O ruchloser Weltkrieg! Du Wirbel und Meer
Von wilder Verzweiflung, dein Zorn traf uns schwer.

Wir triefen von Not, sind in Elend ersäuft,
Das Maß unsrer Sünden ist voll und gehäuft.

Wes Volk und wes Art, wes Sprache, wes Land –
Gehorcht dem Gewissen und löschet den Brand!

Vom Auge die Binde, herab vom Gesicht
Die Maske der Lüge, die Wahrheit ans Licht!

Mitschuldig wir alle! Wer wähnte sich rein!
Wir müssen erwachen und: Weh der Welt! schrein.

Weh, wehe dem Krieg. Was ihn mästet und nährt!
Schon hat er zum dritten sich grausig gejährt.

Schon hat er gejährt sich zum drittenmal
Mit Marter und Schande, mit Frevel und Qual.

Was edel und weise, wird roh und verdummt,
Das Glück geht zugrunde, die Größe verstummt.

Es hungern und dürsten die Völker nach Brot
Und Wein der Erlösung vom geistigen Tod.

Die Seele der Menschheit sie zuckt und sie stöhnt
Und sie zittert nach *Frieden*, der heilt und versöhnt.

Rings strecken sich Hände. Zur Sonne dringt klar:

Nun werde der Teig der Gerechtigkeit gar!

Die alte Linde

Süß duftet die alte Linde,
Die vor dem Wirtshaus blüht,
Wie mattes Gold ihre Krone
Vom Abglanz der Sonne glüht.

Der Werktag ging zur Rüste,
Heim wandert der Herde Geläut –
Brandet an ferner Küste
Der rasende Krieg noch heut?

Das Dorf verdämmert in Frieden,
Vom Kirchturm tönt wie Gebet
Die Feierglocke herüber –
Ein Hauch des Ewigen weht.

Leis spielen vom nahen Gelände
Die ruhigen Wellen zum Strand,
Meine Seele faltet die Hände:
»O lösche den Weltenbrand!

Der reift das Brot auf den Feldern,
Der Blüten und Früchte gewährt,
Der an den Brüsten der Mütter
Unschuldige Kindlein nährt . . .

Der in der Werkstatt schmiedet
Pflugschar und schönes Gerät,
Im Forscher unermüdet
Nach Heil und Segen späht . . .

Du, der im Künstler ründet
Die edle Krone der Kraft,
Der Tempel baut und Brücken
Für Güter und Geister schafft . . .

Nun lösche des Hasses Feuer,
Das heiliges Leben verbrennt,
Nun wehre bei allem, was teuer,
Dem höllischen Element!

Den zuchtlose Frechheit entzündet,
Den gottloser Wahnsinn entfacht,
Ziel sei dem Kriege verkündet
Und Friede den Menschen gebracht!«

Die Seele hebt ihre Hände
Zum Walter der Welten empor,
Leis rauschen vom nahen Gelände
Die friedlichen Wellen ans Ohr.

Die Sommernacht ist gekommen,
Die Linde ragt dunkel und sieht,
Wie, Wundertiefen entglommen,
Hell Gottes Sternheer zieht.

Bernried am Starnberger See
Karl Friedrich Schmid zu eigen

Hexengeflüster

Und die gespenstischen Schicksalsreiter
Auf den gelbschwarz getigerten Rossen
Mit den gierig geblähten Nüstern,
Die von giftigen Gasen dampfen,
Saufen weiter, saufen weiter . . .

Dumpf die Hufe vorüberstampfen,
Und die Hexen des Schlachtfelds flüstern.
Blutübergossen,
Gerippehager,
Lehnen zu dritt sie am toten Tank,
Der angeschossen
Plump sich gewälzt und im Sumpf versank.
Hungermager
Flüstern die Schwestern und Schicksalssager:

»Welt todkrank!
Menschen lüstern
Nach Mord, Mord, Mord.
Eisenhyäne,
Zerfetzende Zähne.
Mord ist der Lord,
Wahnwitz der Meister
Ruchloser Geister –
Gold-Kapitäne
Schrein:
Gott über Bord!

Welt ward gemein.
Strotzende Fülle
Hetzt sie zu Haß,
Heilige Stille
Schänden sie mit Granatengebrülle,
Himmelhoch steigt ihr zerstörender Wille –
Sancta, sancta Satanitas!

Sinnlos Sein!

Mild behütet
Im Mutterschoß –
Wild zerwütet,
Metzgerstoß,
Wuchs der Knabe zum Jungmann groß –
Markverheerendes Menschheitslos!

Feld der Lüge,
Wahnesfeld,
Irre Züge
Zeigt die Welt . . .
Recht verzerrt,
Wert entstellt –
Horcht, wie der Höllhund der Dämmerung bellt!«

Tag erwacht
Fahl zur Schlacht,
Schauerlich flüstern die Schicksalsfraun
Und zerfließen in Nacht und Graun.

Für Wilhelm Schütze

Kurze Ode

Cedant arma togae!

Glühend im Schicksalszwang
Sah ich dich, Deutschland.
Wie dein Schild gehämmert
Klang mein Lied.
Mein Herzblut sang
Sieg durch Treue,
Sieg durch Treue,
Neugeburt deiner Welt,
Glutengeläutert, dir zu.

Dunkel im Schicksalsgang
Seh ich dich, Deutschland.
Wie dein Tag erdämmert,
Tönt mein Lied.
Blut braust Gesang.
Sieg durch Freiheit,
Sieg durch Freiheit!
Singt erschüttert mein Herz,
Donnernde Walstatt, dir zu.

Stimme des Berges

Zerflatternd schwanden schwere Nebelschuppen
Vom Antlitz des Gebirges langsam hin.
Weiß schweben Wolken um befreite Kuppen –
So weht Allvaters Bart seit Urbeginn.
Der Himmel sandte seine Säubertruppen,
Die frischen Morgenwinde. Siegerin
     Wird Sonne. Ihre tausend Strahlenhände
     Ergreifen hell die finstern Felsenwände.

Von diesem Gipfel, wo die Geister thronen
Der überwindend schöpfertrunkenen Lust,
Schau ich die Welt gemarterter Millionen,
Der unerhörten Daseinsqual bewußt.
Schau ich die Völker, die auf Erden wohnen,
Wie sie sich selbst zerfleischen Brust an Brust,
     Schau ich der Menschheit Leib vom blutigen Kleide
     Geschändet bis ins tiefste Eingeweide.

Von diesem Gipfel, wo die Geister lauschen
Des Sonnenlichtes seliger Symphonie,
Hör' ich den Schreckensstrom der Leiden rauschen,
Ein wimmernd Heulen wie von Schlächtervieh.
Hör' ich Gebet mit wildem Fluch vertauschen
Und Todesschrei, wie er aus Jesus schrie,
     Hör' ich des Lebens mildere Akkorde
     Zerschell'n im wüsten Lärm der Massenmorde.

Und von den Schreien, die gen Himmel branden,
Fühl' ich erbeben dieses Berges Mark,
Was Menschen jemals Menschliches empfanden,
Rührt an der Erde Festen riesenstark.
Ich fühle, wie ein Herz aus allen Landen
Zusammenpocht hier in Prometheus Park –
     Ich fühle sich der Seelen Seele spannen
     Im Kerne des Granits – den Fluch zu bannen:

»Zu viel Entsetzen trug der Erde Rücken,

Die Mutter Gäa trug zu viel des Wehs,
O bräche der Zerstörerstern zu Stücken,
Versinkend in dem Pfuhl des Höllensees!
Mir graut, mich jung mit grünem Laub zu schmücken,
Befleckt vom Mal des mordgetränkten Schnees.
  Besudelt und verpestet Wälder, Auen!
  Mein Sinn vergeht vor Grauen, Grauen, Grauen.

Schuf Er mich nicht zum ewigen Paradiese,
Der den Gestirnen ihre Bahnen weist,
Und will Er, daß in stetem Kampf erkiese
Der Erdensohn, was er sein Schicksal heißt,
Daß er im Ringen nur sich glücklich priese,
Erlöser seiner selbst durch Tatengeist –
  So mög' Er ihm, der heldisch sich erhoben,
  Auch Kraft verleihn, den höchsten Kampf zu proben.

Und meiner Stimme zürnend Ungewittern
Dröhnt dir, o Mensch, die letzte Warnung zu:
Verblendeter! Die Heiligtümer zittern.
Wie lange noch, wie lange rasest du?
Die Säulen bersten, und die Balken splittern,
Der Bau des Lebens bricht. O lasest du
  So blind im Buch der Dichter und der Weisen?
  Nie wird die Welt geheilt durch Blut und Eisen.

Aus rohen Banden gieriger Gewalten
Entkette dich zu menschenwürdigem Bund!
Dein Völkerschicksal mußt du frei gestalten
Durch Recht und Ordnung! spricht der Erde Mund.
Die Tigertatzen, die dein Hirn umkrallten,
Beschneide kühn! Sie reißen todeswund.
  Zu edlern Kämpfen deine Kraft zu stählen,
  Sollst du, o Mensch, den Bund der Freiheit wählen!«

So mächtig klang der Erde Klag' und Mahnen
Mit weher Mutterstimme mir ans Ohr. –
Nun sei mir Losungswort, den Weg zu bahnen,
Der neu erschließt des künftigen Lebens Tor!
Zieht hell voran, ihr weißen Wolkenfahnen,
Weltfriedenszeichen zart im Purpurflor:

Muß sich die irre Zeit in Krämpfen winden,
Die Binde fällt. Der Wahn muß Heilung finden.

Soldatentraum

Die Sonne starb in Gluten,
Der Tag der Schlacht ist um,
Die Wolken weich verbluten,
Des Todes Feld liegt stumm.

Ein Büschel Gräser neigt sich
Vom Abendhauche sacht.
Ob meinem Haupt verzweigt sich
Des Traumes dunkle Macht.

Mir ist, ich sei versunken
Im wilden Meer der Zeit,
Vergessenheit getrunken
Hätt' ich in Ewigkeit.

Die Welt wie abgeschlossen
Durch grünen Doms Kristall,
Von Schreien und Geschossen
Schweigt jeder Widerhall.

In sternenkühler Stille,
Am Grund der ewigen See
Ruht wie ein Kind mein Wille,
Ruht aus von Wut und Weh.

In dem kristallnen Saale,
Wo Leib und Seele ruht,
Wird mir gereicht die Schale,
Des Schlummers Trank ist gut.

Ihn gibt, daß ich gesunde
Dereinst im Heimatland,
Mir auf dem grünen Grunde
Der lieben Mutter Hand.

Eigene Buchreihe oder eigenen Verlag gründen

Seit 2009 bietet tredition sein Verlagskonzept auch als sogenanntes "White-Label" an. Das bedeutet, dass andere Unternehmen, Institutionen und Personen risikofrei und unkompliziert selbst zum Herausgeber von Büchern und Buchreihen unter eigener Marke werden können. tredition übernimmt dabei das komplette Herstellungs- und Distributionsrisiko.

Zahlreiche Zeitschriften-, Zeitungs- und Buchverlage, Universitäten, Forschungseinrichtungen u.v.m. nutzen diese Dienstleistung von tredition, um unter eigener Marke ohne Risiko Bücher zu verlegen.

Alle Informationen im Internet: **www.tredition.de/fuer-verlage**

tredition wurde mit mehreren Innovationspreisen ausgezeichnet, u. a. mit dem Webfuture Award und dem Innovationspreis der Buch Digitale.

tredition ist Mitglied im Börsenverein des Deutschen Buchhandels.

Dieses Werk elektronisch lesen

Dieses Werk ist Teil der Gutenberg-DE Edition DVD. Diese enthält das komplette Archiv des Projekt Gutenberg-DE. Die DVD ist im Internet erhältlich auf **http://gutenbergshop.abc.de**